JN014760

夢は東京で活躍する
カリスマ美容師だった。

でも、その時代人気だった東京の美容師アシスタントの給料は一桁だった。

現実問題、家賃や食費を考えると・・・
東京に行くのは無理だった。

帰るのは１時、２時。
テレビ局のヘアメイクのアシスタントについたら、５時起き。

東京には夢があった。
ロマンがあった。
表向きは、華があるように見えたんだ。

だけど、
美容業界の仕組みはぐちゃぐちゃだった。

夢は仕組みで壊される。

だから僕は、
新しい仕組みを創ろうと思った。

「美容師になりたい！」
と未来に夢を抱く後輩に、
希望の道を創りたい。

CONTENTS

CHAPTER 1

STORY

1

DREAMER

人の人生を変えるような仕事をしたい

僕は元々、人と喋るのが苦手だった。
アニメとかゲームが好きなオタクだった。
声優が好きで、運動も得意ではなかった。

少し太っていたこともあって、
ビジュアル的に、いじられることもあった。

時々、クラスの女の子がいじってくることがあった。
そこから、どんどん自分に自信がなくなって、後天的
に赤面症になっていった。

家ではめちゃくちゃ話すけど、外ではずっと下を向いているみたいな。

引っ込み思案になり、ビジュアルにも自信がないから、自分への興味がどんどんなくなっていった。

服は、母親が近所の大型スーパーで買ってきたものを着て。
髪は、床屋か母親が交互に切ってくれていた。

中１まで、人生にちょっと諦めてたんだ。
だから、アニメや漫画がより好きになった。

将来は漫画を描きたいなーとか、
ゲームつくりたいなーとか。

今の現実に馴染めないから、
何かもう別のものをつくりたかった。

仮想現実というか、
別の世界をつくりたかった。

漫画は、オタクが読むようなやつ。
魔法とか冒険とか、そっち系。

ゲームは、ロールプレイング系が好き。
ドラクエとか、ファイナルファンタジーとか。

そんな僕が中２の時。

「美容院で、髪を切ってもらいなさい」
って母親が言ってくれて、
初めて美容師に髪を切ってもらった。

その日のことは、今でも覚えている。

カットが母親や床屋とは全く違う。

ワックスという得体の知れないものを初めて付けてもらって。

・・・ものすごく感動した。

次の日、学校に行ってみると、
「髪型いいやん！」って友達から褒められたんだ。

今まで、ちょっといじってきてた女の子からもね。

「髪でこんなに違うのか！」と思って、
髪を切るときは、必ず美容院に通うことにした。

そしたら次は、
髪のことだけじゃなくて、ダイエットのやり方とか、
「服はここで買いな！」とかも教えてくれたりして。

「髪を切る」がきっかけで、
僕は、美容師に人生を変えてもらった。

それで、美容師になろうって。
将来の夢が変わっていったんだ。

髪を切ることを通して、人の人生を変えたい。
そんな想いがあった。

美容師になりたい、って思った中学生の頃は、
「ビューティフルライフ」っていう、キムタク主演の
ドラマの影響もあって、カリスマ美容師ブームが起
こっていた。

美容師がテレビに出たり、CD を出したり、クラブで
イベントをやったり。
タレントみたいになっていて、本当に凄かった。

とにかく華やかで、
今までの自分には思い描くことのできない感じだった
から、憧れていた。

僕もカリスマ美容師になりたい！

「ヘアカジ」「カジカジ」「チョキチョキ」っていう、
おしゃれな子が読む美容雑誌に載ることが夢になった。

その頃から髪の毛のことだけじゃなくて、
ファッションも気になりだした。
スクールバックじゃなくて、自分だけトートバッグに
したり。

何かこう・・・人と違うことをしたかった。
髪型もだし、カラーもだし。

美容師のおかげで、
個性を出したいと思うようになったんだ。

そんな感じで中学３年生になって、高校進学について考えるようになった。

中学は荒れてた学校だったこともあって、
高校の時はみんなとは離れたいって思っていた。

東大への憧れもあって、賢い高校に行こうとも考えてた。

「ラブひな」っていう、東大に行く漫画を読んでたからなんだけど(笑)

この時はマジで思ってて、勉強もめちゃくちゃ頑張った。

「つぶしがきくように、美容師の夢を追うのは、大学
行ってからでもいいかな」とも思ってた。

僕の親は自営業で、安定しない働き方だったから、
母親は公務員になることを勧めていた。

給料があるって有り難いよ、と言われてたし、
長男だということもあって、
親の面倒見なあかんな、っていう想いもあったから。

そんなこんなで、大学進学を見越して、偏差値の高い
高校に入学した。

でも・・・
いざ入ってみたら、いい大学に入るための勉強漬けの
日々だった。
授業も０限〜７限まで。

はじめは真面目にみっちりやってたけど、
途中でプツって切れてしまった。

校則違反だったけど、バイトをしたりとか。
エクステ付けたりとか。
勉強合宿があったときは、金髪で行ったりとか。

進学クラスなのに、
たぶん、一番、生徒指導部に呼ばれた。

クラスには、馴染めなかった。
周りはみんな勉強一筋。
自分だけそんなことしてて。

大学に行こうと思ってその高校に入ったけど、
やっぱり専門学校に行こうと思っていた。

専門学校に行くって先生に伝えると、
「進学率、下がるやないか」
「大学に行きなさい」
「あんたなんか、受からへんわ」
と、ばかり。

でも、先生の言うことは全く聞かなかった。

僕が行きたい専門学校は倍率7倍。
その時、美容師がめっちゃ人気で、
なりたい職業でも上位に入ってたから。

成績が悪くて、専門学校の推薦も貰えず・・・
一般入試で受けることに。

試験は、一般常識と作文と面談。

そうして、なんとか美容の専門学校に入った。

結局、
自分の夢は、中学生のあの頃から変わらなかった。

「髪を切ることがきっかけで、人生が変わる人が増え
たらいいな」っていう想い。

自分のように。

そんな想いを胸に、
美容師になるための勉強を、めちゃくちゃ頑張った。

自分も雑誌に載る美容師になりたい！
モデルさんと付き合いたい！
どうせやるなら、成り上がりたい！

気持ちはどんどん燃え上がっていった。

それで、憧れのカリスマ美容師になるために、
就職は東京に行こう、と思っていた。

そしたら・・・

現実は、
僕の思い描いているものとは、まるで違っていた。

2
STORY

SYSTEM
夢は仕組みで壊される

最初は地元の京都を離れ、
カリスマ美容師を目指して東京に行こうと思っていた。

けど・・・

その頃の東京の給料は基本給１３万とかいう時代で。
諸々引かれて、手取りとなると桁が減っていく。

東京は美容師にとって人気の場所だから、
給料は少なくても、人は来る。
夢を追いかけて、若者たちがやってくる。

面接自体も、
「給料いらないから働かせて下さい！」みたいな感じ。

「あの人の下だったら、給料が安くても働きたい！」
みたいな。

そういうブームだった。

当時の僕もそんな想いだった。

でも現実問題、
物価も高くて、家賃を払って、食費を払って、携帯代
や水道代を払って・・・。
しかも表参道から、自転車で通える範囲に住めって言
われて・・・。

働きに行くのに、仕送りが前提。

当時、東京で働く先輩たちに聞いてみると、
帰るのは１時、２時とか。
テレビ局のヘアメイクのアシスタントに着いた場合、
５時に起きる生活。
寝る時間なんて、ほとんどない。

それで、給料も低賃金。

修行とはいえ、もうめちゃくちゃだった。
そんな状況は、就活するまで全然知らなかった。

一旦、東京は無理だと諦めた。

東京で働くのが夢だったけど、
夢を閉ざしたのは「労務環境」だった。

そこさえ整っていたら・・・。

でも、「有名になりたい」っていう想いはあったから、
関西で有名な美容院に入った。

入社した美容院はカットで有名なところ。

全体的に給料は安かったけど、東京ほどではなく、
１５万くらいはもらえた。

美容師は忙しい。
そう話には聞いていたけど、想像以上の激務だった。

そんな中、「肺気胸」を発症。

ストレスで肺に穴があいてしまって、呼吸ができなくなってしまったのだ。

２回手術し、入院をすることもあった。

入院中、会長はお見舞いに来たり、
優しくしてくれてた。

けど、退院後、上司に呼び出された。

「体が弱いやつはいらない」

そんなニュアンスのことを言われた。

実質クビ。
自主退社をさせられた。

それが美容師として働き出して２年目。

自分の体の弱さを悔やむこともあったけど、
夢だった美容師の働く環境に愕然とした。

でも、よくよく考えると最初からおかしかった。

美容の世界に入ると、一般社会と交流が断たれていく。
その世界としか関わりがなくなってしまう。

だから、美容業界って一般常識がない。

経営者側も一般常識がないし、
雇用される側も一般常識がない。

だから、ある意味成り立ってる部分もある。
もちろん、僕もそうだった。

だけど、その異常性に気づくタイミングがあった。

友達の結婚式や高校の同窓会。

国家公務員とか、銀行員とか、
他業種で働いている友達と年収の話になったら、
全く話に入れない。

どうしようもなくて、「仕事のやりがい」の部分だけで、
カバーしようとしてる自分に気づいた。

「あれっ、何かおかしいぞ」って。
そんな違和感に気づいたのは２５歳だった。

このめちゃくちゃな美容師の働く環境をなんとかしたい。
そんな想いがフツフツと湧いてきた。

そのためには、自分がもっと技術のレベルを上げて、
活躍しようと頑張った。

けど、売上を上げていったにもかかわらず、
結局、評価はさほど上がらなかった。

多少、給料は上がったけど、微々たるもの。

交渉しても「まあ待って」という返事しか来なかった。

僕も知識がなかったし、経営には携わっていないから、
結局、「やりがいの部分」を伝えられて、
上がらない給料に納得して働き続けてた。

いつの間にか、それが普通だと思って、
疑問に思うことはなくなってた。

その後、「企業人」として、美容院のナンバー１をたてるナンバー２になっていった。

誤解を恐れずに言えば、
「会社としてどうあるべきか」
で生きるように洗脳された人間。

どんどん自分が失われていって、会社を背負っている使命感だけが残った。
「こうやれ」って言われることを、どう実行するか。

究極の兵隊として、優秀なナンバー２だった。
もう、自分を失ってる自分にも気づかない。

だから当時は、会社の声が自分の声だと錯覚していた。

そんな中、
今時の感度を持った若い子たちが入社してきた。

僕の思ってる正解と、若い子が思ってる正解のずれを、
すごく感じるようになった。

企業人の僕と、個性への感度を持った若い子たちとの
ギャップ。

僕は、その子たちに、
「それは、会社の声でしょ。坂口さんが思ってること
を聞かせてほしい」と見透かされ、問いかけられてる
ようだった。
感覚が麻痺していた僕に、違和感が戻ってきた。

その頃には、経営者目線でモノを見るようになっていたから、予約数的にも、人数的にも、休みを増やしても回せることはわかっていた。

でも、働く環境が変わることはほとんどなく、
休みでさえ、増えることはなかった。

「美容師を豊かに！」と、会社は掲げてはいた。

トライはしてくれていたものの、
一向に豊かにならないことへ、
僕はしびれを切らしはじめた。

「業界の基準」が何よりの正解で、
そこからはみでることは間違い。

その風潮が、阻んでいたのだ。

いつまで、この業界はこんなことをやってるんだろう。
この悪循環を終わらせたい。

そんな想いが強くなっていった。

Hope

3

STORY

FUTURE

挑 戦 の 先 に 未 来 が あ る

２０代後半は、色んな社会人と喋った。
そのおかげで、感じていた美容業界のおかしさが、
だんだんと確信に変わってきた。

この業界の労務環境含め、社会的地位を上げることで、
どれだけの人を守れるのだろうか・・・。

そう思った時に、
「じゃあ、自分がやろう」と決めた。

その頃、世間では会社で働きながら起業するという生き方が話題になっていた。
幻冬舎の箕輪さんやキングコングの西野さんのように。

こういう生き方があるんだ、と気づかされた。

早速、社長に提案をした。

「美容師の教育事業を別事業にして、社内で子会社みたいな感じでやらせて欲しい」

そしたらある時、社長に呼び出され、こう言われた。

「卒業してくれへんか？」

つまり、会社を出て行ってほしいっていうこと。

新しいことに挑戦しようとする僕は、
社長の方向性と大きくずれていったんだろう。

それは仕方のないことだ。

会社には恩もあったから、中々辞められなかった僕の
背中を押してくれているようだった。

それで、会社を出て独立することになった。

独立することを考えていなかった僕は、
急に崖の淵に立った。

準備と勉強の日々が始まった。

といっても、明日すぐに退社というわけではなく、
半年の猶予期間をもらうことができた。

これからどうしていこう・・・

具体的な方法を探しているうちに、
キングコングの西野亮廣さんに興味を持ち、クラウド
ファンディングというものを知った。

当時は、まだクラウドファンディングは、
今ほど認知はされていなかった。

世間から注目を浴びるなら、これしかない！
やっぱり爪痕残すってなると、皆がやってないことを
やらな、っていうのがあった。

右も左もわからない状態だったけど、
クラウドファンディングに挑戦してみることにした。

「オリジナルシャンプーをつくりたい」

初めてのクラウドファンディングへの挑戦に悪戦苦闘
しながら、毎日できることをとにかくやってみた。

すると、ありがたいことに目標金額を達成することが
でき、合計 136 万円を集めることができた。

このクラウドファンディングの成功で、ちょっとだけ
注目を浴びることができた。

この経験で、自分の中で確信を得た。
やっぱり間違ってないなと。

ここからは、
「絶対に、おもろいことをしていこう」
って腹をくくった。

退社までの期日がどんどん迫ってくる。

これからどうしようか考えていた。

ありがたいことに、他店舗からヘッドハンティングの話を受けたり、フリーランスとして働くという道も考えていた。

でもやっぱり、自分のお店を持ちたい！
その気持ちが自分の真ん中だった。

お金の備蓄もそれほどあるわけではない。
店舗のツテもない。
経営の知識・経験もない。

冷静に考えると無理かもしれない。
でも、ダメ元でいろんな人に夢を語りまくった。

そんなこんなで退社の３ヶ月前というギリギリのタイミングで、ある方から一本の電話が入った。

「うちの店舗の一階を使ってもいいよ」

その方は、キングコング西野さんの紹介で知り合った、東京の兄貴的存在である、
美容室 NORA の広江さんだった。

初めてお会いした時から、
親身に話を聞いてもらい、時に厳しく、時に優しく、
たくさんのことを教えてもらった大先輩。

涙が止まらなかった。

そうして、独立２ヶ月前に自分たちにとって、
初めてのサロンを開業できる場所が見つかった。

夫婦２人、そして僕を昔から慕ってくれた後輩が手
伝ってくれ、急いで店の準備を進めた。

そして独立後すぐに、
なんとかオープンすることができた。

この先どうなるかわからない。
自分だけじゃない。
家族や子供の人生もある。

不安で胸が押し潰されそうだった。
そんな不安を抱えながら、必死の日々だった。

オープンの準備をして、
お客さんを全力でこなして、
嫁さんは途中で子供を迎えに行って、
夜まで働いて、
掃除洗濯をして、
レジを閉めて、帰るみたいな。

もう本当にクタクタだった。

そんな怒涛の１ヶ月。

そこから、まあまあ売り上げは順調で、スタッフやス
タイリストを少しずつ増やしていった。

「これならいける！」そんな確信があった。

だが、せっかく入社してくれたスタッフがすぐに辞めてしまった。

理由は大きく2つあった。

1つは、会社の仕組みがちゃんとできてなかったこと。
僕の経営者としての、成長の足りなさだった。

もう1つは、マッチングの問題。
「うち、こういうことしてます！」
っていうことを明確に出せていなかった。

何となく入社した子は、実際に働いてみたらイメージが違ったことを理由に、退職。

退職って、ミスマッチ。
入り口の大切さを知った。

そして、２店舗目をつくろうとなった時に、
人生最大の試練が待っていた。

経営についてもまだよくわかっていない、
１店舗目をオープンして半年。
「めっちゃ良い物件でたよ」という声がかかった。

聞いてみると、最高な立地。
何としてでも抑えたくて、すぐに契約をした。

まあ売上は上がってるし、
どこかでお金を借りれるだろうと思っていた。

だが、銀行はどこもお金を貸してくれなかった。

僕は、当たり前のことを知らなかった。
銀行に大きなお金を借りるとなると、決算書が２年分
必要だったのだ。

しかも、１店舗目の出店が特殊だったため、評価もさ
れにくかった。

予定していた銀行からお金を借りることができない。
運転資金も含めたら、三千万が必要だった。
しかも、新しい店舗のスタッフも、決まっていた。
その子たちは、今働いている店を辞めることも決まっ
ていた。

「お金を借りれなくて、お店オープンできませんでし
た」ってなったら・・・みんなの人生をぐちゃぐちゃ
にしてしまう。

借りれなかった、では済まないレベルだった。

毎日銀行を回って、
もういっぱいいっぱい回って、
それでも貸してくれない。

頭を何度下げても下げても、
「貸します」の一言がもらえない。

毎日、お客さんのカットをしながらも、
隙間時間に、いくつもの銀行に行く日々だった。

プレッシャーに押し潰されそうで、毎日吐いてしまう。
追い込まれすぎて、いよいよ死にたいとも思ってきた。

毎日寝れないし、体力は限界がきてるし。
お金は何ともならないし。
いつ飛び込もうかな・・・ぐらい思っていた。

その時に救ってくれたのが、仲良くしていただいていた経営者の先輩方だった。

今の状況を相談してみると、
「そんなん経営者は普通やって（笑）慣れろ！（笑）」
って言われた。

そこでハッとして、
「あっ、みんな苦しんでるんか。自分だけじゃないんだ！」って思えて、何かちょっと楽になった。

「とにかく走れ、経営者はみんな走るやろ！体を動かせお前！」って言われるがままに、ジョギングを始めた。

すると、すぐに効果が出てきた。
ポジティブになれた。

だんだん、心身の状態もマシになってきた頃、
「俺が良くしてもらってる銀行あるから、紹介するわ！」
ってある方が言ってくれて、1つ銀行を紹介してもらった。

そこで、やっと借りることができた。
ただし、担保付きで。

担保にいれられるものなんてなくて、
・・・実家を担保に入れた。

親にも、「ダメだ！」って、何回も断られたけど、
「頼む！絶対にやる！」って、何度も頭を下げた。

最終的に、渋々ではあったけど、
「貴徳に賭けるわ」
そう言って、ハンコを突いてくれた。

お金がおりたのは、支払いの数日前だった。

最大の難関はこの時だった。

この時から、ダサいとか、恥ずかしいとか、
そんなプライドはなくなった。

スタッフを守る、自分の家族を守る、
ってなった時に、そんなのはいらない。
ベタな話だけど、本当にそう思う。

自分のプライドじゃなくて、
土下座してでも、靴舐めてでも、何してでも守らなあ
かんものがある。

だから、もう守るもののためには何でもできる、
と覚悟も変わっていった。

大きな試練を乗り越え、
新店舗をオープンすることができ、
３年目の今では、９店舗に拡大することができた。

１店舗目や２店舗目のような都市部だけではなく、
地方に根付いたローカル店、キッズスペースのある店も。

そして、美容院の枠を超えた挑戦も。

要は「おもろいこと」をやっていけてる。

これまでを振り返ってみると、失敗だらけだった。

それは全て、
自分の無知が原因だった。

知識のなさ。
お金の知識や経営の知識も。

スタッフを洗脳して、成り立つ美容業界のままでは、
もはや、美容業界が死んでしまう。

美容業界の労務環境が変わっていかないのも、
経営者側も雇用される側も無知がゆえ。

だから、必要な知識をまかなえる教育の場を、
供給していこうと思う。

美容業界全体のリテラシーを上げ、
経営者も勉強し続ける。

そんな風にしていきたい。

僕のような失敗を、わざわざ繰り返さなくていいように。

みんなが平等に情報を持って、
おかしいことはおかしい、と言えるように。

チャンスや夢を、
誰かに搾取されることがなくなるように。

みんなが平等に学びあって、リテラシーを高めた中で、
良いライバル関係をつくること。

それが美容業界の発展につながる、と思うから。

労務環境が整い、
美容師がもっと挑戦しやすいように。

僕はこれから、
仲間たちと一緒に、そんな未来を創ることにしたんだ。

美容業界の新しい未来を創るために。

CHAPTER 2

THINKING

信念を貫く

信念とは、判断軸。
絶対に美容業界の環境を整えたい、豊かにしたいって
いうのが僕の軸。

だから、
「それとは違う選択をしない」
ことが貫くっていうこと。

信念は誰かに聞かれなかったとしても、
行動にあらわれる。

ブレてたら人が離れる。

でも、みんなにわかりやすい言葉で伝えることも、
とても大切。

「関わる世界をもっと豊かに！もっと笑顔に！」
これがうちの会社の理念なので、

「関わる人、豊かにしよな」
そのくらいシンプルな言葉を、
日々スタッフに伝えるようにしている。

昔は世界平和を願う時もあったけど、
これはある種、エゴだなと思った。

世界平和の「平和」基準って、
自分になっちゃうから。

でも、関わった人ぐらいは笑顔にしたいよね、という。
その影響の輪を広げていきたいな、とは思う。

あえて、自分たちの理念に「美容」という言葉を入れていない。
美容はあくまでもツールで、僕らが実現したいのはその奥にあるものだから。

整体や花屋だって、実現したい未来に近づくなら、
こだわりなくやっていく。

方法は、別にこれっていう決まりはない。
本当にもう何でもあり。

「関わる人を、関わる世界を、豊かにできる」

それが実現できるなら、何でもありなんだ。

方法は変わっても、
信念だけは変わることはない。

経営の軸

「会社は仕事の場所」
っていうだけにしたくない。

僕の経営の軸は、
「僕が働きたいと思う会社」
「娘を働かせても大丈夫と思える会社」
この２軸で物事の判断をしている。

今の会社の状況で、僕が社員でいたいと思うか。
社員だったとして、最高のパフォーマンスを出せるのか。

心から最高だ、と思える職場がつくれたら、
社員全員がハッピーになって、関わる人もみんな幸せに
できると思うから。

何が正しいかはわからないけど、
自分が納得したことをやりたい。

世間的には、
これが正しい、これじゃないと納得できない、
って言われても。

自分の大切なものを決めると、
不思議といらないものは離れていく。
前に進んでいたら、自然と離れていく。

自分の軸を貫き続けていくと、
無駄が省かれていくんだ。

03
Thinking

自分らしく生きる

イキイキしてる人って、
自分らしく活動できてる人だと思う。

「人間って、なんで生きてるんだろう」ってなったら、
やっぱり自分らしく生きるために、だと思う。

自分らしく生きる中で、
社会貢献できることが見つかって、
それを実現できた人が成功者だと思う。

やっぱり、軸は自分らしさっていうところにあって。
それを社会にどう活かしていくかを考えていくこと
が、重要。

だから、
自分自身とスタッフが「自分らしく」活動できてるか。

そこに、こだわりたいんだ。

真の生産性

ずっと日本の制度に疑問を持っていた。

一般の会社で働いたときの部署異動。

その人の特徴とかではなく、
全然向いてない部署に回されてることが多い。

そうなってくると、
自分のやりたいことや得意なことができない環境になり、パフォーマンスも絶対落ちる。

会社の愚痴も多くなり、社内環境も悪くなる。

何してんのだろって、ずっと疑問に思ってた。

自分自身が経営するとしたら、
そんなことはしたくない、っていうのが根底にある。

せっかく平等に与えられた２４時間という同じ時間。
それをイキイキとした時間にしてほしい。

言い方悪いけど、
会社都合で振り回されてる人は、ただただ時間を垂れ流してると思う。

それで休日に発散。

全然生産的じゃない。

本当の意味で生産的とは、
自分が本当にやりたいことができていて、
それが社会のために繋がっていて、
それで自分の心も満たされていく。

そんな自然の流れがあることだと、僕は思っている。

そういう環境をつくりたい。

まだまだ完璧じゃないけど、
やっぱり、それを目指して経営をする。

価値を生み出す

相手が困っていて、
それを解決できる何かを提案できたときに、
「生み出したな」って思う。

そこに価値が生まれる。

ベストは、今ないものをつくること。
これあったらいいよね、をつくること。

身の回りで困ってる人を助けるために、
アイデアを生み出し、すぐに実行してみる。

そうして、新しいものをどんどんつくっていきたい。

同
志

何かを生み出すために、
「この人と一緒に何かやりたい」
と思うかどうか。

その感覚を、大切にしてる。

僕には友達という存在はいない。
けど、同志はいる。

友達って過去の話をする人。
同志は未来の話をする人。
そんなイメージが、僕にはある。

今、一緒にいる人たちや熱く語り合える人たち。
そんな長く付き合えている人たちとは、
利害関係があるってことがポイントだと思う。

結局、利害関係があるから続く。

一般的に、利害関係がないほうがいいよね、みたいな
風潮ってあると思う。
だけど、それでは何も生み出すことはできない。

利害があるから成長できるし、何かを生み出せるって
思ってるから。

利害が生まれるから、高めあえる仲間になれる。
そして、本気で話をすることができる。

いい意味で、緊張感がいい。

友達ごっこはいらない。

イノベーションを起こす人生にする以上、
僕は、高め合える同志と一緒に何かをやりたい。

これが正解だって言ってるわけじゃなくて、僕はそう
生きていきたい。

でも、何かを成し遂げたいとか、前に進みたい人には、
必要な感覚なんじゃないかとは思う。

誰と一緒にやるか、どんな関係を築いていきたいか。
そのために、自分はどういう人間なのかをしっかり持
つことが大切なんだ。

真のギブ

事業がうまくいくためには、
「ギブ」を正しく理解する必要がある。

「返報性の法則」っていうのがある。
人はお世話になったら、何か返したいと思う生き物。

だから人に与えれば与えるほど、
どんどん規模が大きくなって返ってくる。

でも、僕の経験上、
誰にでも、なんでもかんでも与えればいいってものでもない。

ギブしたときに、
相手が「ありがたい」と思えること。

相互関係が成り立って、
初めて意味をなす法則なんだ。

だから採用のときにも、
誰に与えるか、その見極めを慎重にする必要がある。

僕たちがギブをすることに、
「ありがたい、何かお返ししたい！」
って思える子じゃないと、いい関係はつくれない。

「誰かのため」と思える感覚がある子かどうかを、
必ず最初に確認している。

ただ、ギブというものをちゃんと理解しないといけない。

「ギブしたから、代わりにギブされることが当たり前」
みたいな感覚も違う。

それでは、ギブしてた人が知らない間にテイカーに変
わってしまう。

「やりたい！」って社員が思ったアイデアを具現化す
るのが、今の会社の役割だと思ってる。

会社がその役割を担うことができれば、
社員はどんどん活きてくる。
どんどんアイディアを考えるようになる。

花屋と美容師をやりたい、というスタッフがいた。

「花と女性って繋がる」みたいな話で、
記念日にお花をちょっとあげたり、
もしくはデート前に男性が来てもお花が買えたり。
お花は生活を華やかにしてくれる。

その子のやりたい！という想いを聞いて、
やってみようとなった。

新しい挑戦。
次の店舗は美容院と花屋を組み合わせる。

その子は前の会社で、
「発想力」という長所を潰されてきた子。

「店長とはこういうもんだ」を押し付けられ、
息苦しさを感じて、うちに来た。

本当はめっちゃ優秀なのに、抑え込まれ、
才能の無駄遣いをしていた。
活きる環境をあげるだけで、才能は輝きだした。

そして、会社としても、
この会社にいたいと思ってもらえる。

それこそが、会社の役割だと思うんだ。
ただ、やりたいことを提案できるのは、一応スタイリスト以上っていうのが条件。
美容師という軸は忘れて欲しくないから。

まずは、美容師としての基盤となるラインまでいくこと。
やりたいことは、その基盤があるからできる。

最高の採用

自分のやりたいことと、方向性が一致していること。

それが採用するときに、一番大切なことなんだ。

人それぞれに役割というものがあって、
当てはまる場所がある。

その人が役割を果たせる、
ベストなポジションを見極める。

そもそも当てはまらないのなら、採用しないほうがいい。

お互いのために。

その人は、ここではない別のところで活躍できる場所が
ある。

ミスマッチは方向性の違いからうまれる。

だから、面接の段階で、
相手が本当にやりたいこととか、
未来の話や根っこの部分とかを、
いっぱい聞く。

自分の人生で、
どういうことを成し遂げたいか。
どういう社会をつくりたいか。

その子の今は、どこからきてるのか。
なんでうちにたどり着いたのか。

ここで働きたいと思っているその気持ち、目指してる
ところ。

そこがうちと合うか、っていうのを確認している。

そのエネルギー値がどこからきてるかは、何より大事。

僕は最初、ちょっと悪いエネルギーから動き出していた。

世の中に対する不満とか、
何か見返してやりたいみたいな。

それで自分自身が遠回りしてきたからわかる。
そういう人は勝ち負けにこだわりすぎる面があるから、
チームとしてまとまらない。

「勝ち負けにこだわる」はエネルギー値としては高い。
けど、大きいことは成し遂げられない。

だから、あんまりそういう子はとらない。

それよりも、面白いことをしたい子をとる。
面白いことをしたい子って、何かを生み出したい子。

社会を豊かにしたいとか。
誰かのためにとか。

そう思える子って、やっぱり強い。
成長の伸びしろも、勝ち負けに比べて格段に大きいから。

10
Thinking

シナジー

シナジーとは、日本語に訳すと相乗効果。

もう少しかみ砕くと、
1人で何かやるより、2人でやったほうが、やれることが増えるってこと。

例えば、
営業が得意な人と、バックオフィスが得意な人が出会うと、事業が広がる。

こっちはいい商品持ってます、こっちはいい店舗持ってます、じゃあお互い交換しましょう。
ならば、どっちも得になる。

うちの会社では、
全員にメリットが出るように考えている。

スタッフ間では、
業務の得意不得意も、
技術の得意不得意もある。

店舗管理が得意な子、現場が得意な子。
ダブルカラー、ブリーチするのが得意な子、
カットが得意な子、接客が得意って子もいる。

そんなお互いの得意を与えあったら、シナジー効果が
生まれ、全員にメリットが出る。

お互いの持ってる武器を交換しあえる、それが良い
チームだと思う。

みんなでつくろうって「無限大」。
シナジー効果で、どんどん広がる。

シナジーって、
知識のシナジー、環境のシナジー、
色んなシナジーがある。

価値の換算をお金だけで見ると広がらない。
みんなの得意不得意が全部財産なんだ。

ちなみに、
シナジーは「100%相手のために」ではうまくいかない。

人間、まず自分が豊かにならないと相手のためにでき
ない。

自分の利益にもなることで、相手のためになること。
それが一番頑張れると思う。

だから、自分の利益になることに対して、
したたかでもいいんだ。

相互理解

相互理解のために必要な要素はいくつかあるけど、
シンプルに「思いやり」だと思う。

相手の立場に立って考えること。

ワンクッション、相手の立場をイメージできるかどうか。

こっちの主観だけで判断してしまうのではなく、
相手の視点を一回通せる子が増えれば、やっぱりいい
チームになってくる。

その視点を持つために、
相手が何を大切にしてるか、何が嫌いかとか。
どういうときに嬉しいとか、何をされたら嫌とか。
日常の中で聞きあう。

お互いを知れば知るほど、コミュニケーションは円滑に
なっていき、いいチームができる。

コミュニケーションを円滑にするために、
疑問に思ったら直接言うことをルールにしている。

間に人が入ると、ちゃんと伝わらず、
揉める原因になるから。

「又聞きは、気にするな」と、
スタッフに伝えるようにしている。

それで問題はかなり減る。

ちょっと前に、このことで少し揉め事が起きた。

マネージャーは、その子のためを思って苦手な分野の仕事を振ったりしてたんだけど、
又聞きで、その子自身はマネージャーから嫌われてるって捉えてた。

嫌われてるって思ったから、疑問に思ったことを直接言いにくくなっちゃった。

それで僕を挟んで３人で喋ろうって、近くのカフェに誘って、今疑問に思ってること全部直接聞いてもらった。

すると、「あーそういうことだったんですね！」と。
直接本当のことを聞けて、すぐに解決した。

コミュニケーション

経営者として、
社員の役割を見つけるために一番大事なのは、
何より「コミュニケーション」。

出社したら全員と必ず、
コミュニケーションをとるようにしている。

日常的な会話でも絶対喋る。

「この前こんなとこ行っとったなー」とか。
「最近これ頑張ってるらしいな」とか。
ちゃんと見てるよってことも伝える。

大切なんだということを伝えたいし、
大切にされてると感じてほしいから。

相手を否定することはしない。

最近どう？
何をしている時が楽しい？
これから何がしたいの？

普段から、その人の考えを引き出しておく。

時には、「こんなんもあるけど、どう？」みたいな、
ヒントをあげるときもある。

別にヒントをあげたからといって、
動かなくても全然いい。
さりげないアプローチのみ。

「やったら絶対うまくいくのに、なんでやらないんだよ」
って思ってた時もあったけど、
それは傲慢だと気づいた。

人には、それぞれタイミングがあるから。

教育より体験

うちでは教育はしない。

結局、体験してみないとわからないから。

例えば、
次は整体のお店をやろうと思ってるんだけど、
整体をやるにしても、出店を決めてからのほうが絶対勉強になる。

必要なものをとってこようとするから。
無駄がなくなってくる。

当事者意識っていうのが学ぶ上で必要で、
だからこそ、まずはやってみることが大事になってくる。

会社もつくってみたら、
「こんなことまでやらなあかんのか」
ってことがいっぱいある。

本を設立前にいくら読んでも、全部は入らない。

やってみて、
「これいるよね！これどうなんだろ？」
って聞いたり、調べたりするほうが、
やっぱり価値があると思う。

体験しないと気づかないことがほとんどだから。

変化する

「この世に生き残る生物は，最も強いものではなく、最も知性の高いものでもなく、最も変化に対応できるものである」
というダーウィンの言葉がある。

ベタだけど、本当にその通りだなって思ってる。

弱肉強食ではなくて、適者生存。

変化に対応できる。
これがすべてだと思う。

だからスタッフにも、
「僕の言うことはしょっちゅう変わるで」って伝えてる。

でも信念は変わらない。
理想を叶えるために変化していくのだと。

変わるためには、
アンテナを常に貼っておく必要がある。

こうだろうって思うんじゃなくて、いつもとは違う視点で周りを見てみること。
そこには絶対にサインがある。
このままだとやばい、っていう小さな小さなサインが。

周りの声に耳を傾け、ヒントに気づく。
その結果、変わることができる。

一時は日経新聞などを見てたけど、
広い世界を見てる人と一緒に過ごすことが一番。

誰と過ごすか、どういう環境に身を置くか。

本を読んだりすることも、もちろんいいんだけど、
本よりも実際に経験してる人の話のほうが面白いし、
生きた勉強になる。

変化の早い時代では、リアルタイムに最前線の人と時間を共有するっていうのが一番。
それは間違いない。

変化の早い時代だからこそ、
対応できる環境を自分でつくっていくこと。

考え方も常にアップデートしながら、
日々成長していきたい。

15
Thinking

数字

お金の部分でいうと、経営者である僕の役割は把握。
把握して次の投資先を考えることが僕の役割。

そして、現場はどう利益を出すかが役割。

美容院においては、ぶっちゃけ、数字の管理はざっくりでも大丈夫。
結局、集客が回ればいける。

売上を伸ばすには、お客さんを喜ばすしかない。

そのことを理解した上で、
現場には数字の話をしないというのがこだわり。

売上とか目標の話は一切しない。
今月いくら目指そう、もない。

この仕事はお客さんを豊かにする積み上げでしかないから。

数字の話をするよりも、そこの話をする。
結果、モチベーションも売上も上がる。

数字管理したくて、美容師になってるわけじゃないから。
絶対に良い技術を提供して、喜んでもらいたい。
そのために、働きに来てるから。

それができる環境を整えてあげることが大事。

だから、うちの方向性として、
お客さんをちゃんと喜ばしたら、良い報酬がもらえるようになっている。

ちゃんと美容師として、
お客さんに価値提供できたら給料は上がる。

だから、現場で売上をあげるためにやることはシンプル。

それよりは、
出た利益をどう使うか、のセンスのほうが問われる。

何に投資したらよりお客さんの満足度が上がるか。
社員の士気が高まるか。

そこが、大事。

自分らしさ

自分らしさや、やりたいことは変えずに合う職場を探す。

でも、みんながやりたいことや自分らしさが見つかって
いるわけではない。

そういう人は誰かの真似をすることから始めたらいい。

そうやって、いろんなことを経験していくことで、
カチッと自分にハマるものが見つかってくるから。

例えば、僕も最初はカリスマ美容師になりたかった。
派手な感じの。
とにかく目立ちたかった。

でも、途中で店長を経験したりとか、
マネージャーを経験したりとか、
裏方にどんどん入ったりとかすることで、
あっちを知って、次にこっちも知って。
両極を知った。

いろんなチャレンジをして、
やっと俯瞰して見えるようになる。

そうしてようやく、
自分のワクワクするポイントが見えてくる。

今、やりたいことがないなら、
１つだけをやるよりも、いろいろやったほうがいい。

知ってることが少ない中から、
無理やり選ばないほうがいい。

まずは、引き出しをパンパンにしてみよう。

あえて自分が選ばないことをやってみる。
普段全然見ないジャンルの映画を見てみるとか。
いやでも広げてみる。

正直、本気で生きてる人しか
「自分らしく」って言い切れるようにならないと思う。

ただがむしゃらに、酸いも甘いも経験する。
そうすると、自分らしさが見つかっていくから。

ご縁に生かされる

僕は、人とのご縁に生かされてきた。
これだけは断言できる。

出会いに恵まれ、大きなサポートをいただいてきた。
そのおかげで今がある。

このご縁がなかったらどうなっていただろう・・・
想像するだけで身震いしてしまうことばかり。

人との出会いって運。

だけど、運を高めるためにできることはある。
その努力をして初めて、運を掴めるんだと思う。

自分でも客観的に分析してみたことがある。

運を高め、掴むためには、
知識を増やすこと。
口に出して発信すること。
未来を語ること。

この３つがすごく大事だと思ってる。

18
Thinking

運を高める

知識を増やす

僕は、体験型で学ぶのが一番だと思っているけど、
その土台として、本をたくさん読んで基礎的な教養を
高めることは必要だと思ってる。

本を読んでる読んでないで、一番変わってくるのは「語
彙力」と「質問力」。

人に出会った時に、その2つの力で教養力の深さを見
抜かれてしまうから。

学びの多い教えをしてくれる人たちに出会うには、
基礎的な教養を身につけることが、やはり必要。

こちらに引き出しがなければ、
教えようとは思ってもらえない。

今では、たくさんの人からお話を聞くことができて、
「自分がつくりたい世界をつくるため」を軸に、
いいとこ取りをさせていただいている僕だけど。

本で学ぶことは、言わば冒険に出るための初期装備。
「実践と体験」を積み重ねる冒険に出発するための準
備が運をもたらしてくれる。

口に出して発信する

「こういう人と会いたい」っていうのをどんどん口にすること。

待ってるだけでは、出会えない。

そう言い続けていることと、
それに見合った自分に成長できたら、
人から紹介してもらえるようになる。

「社会貢献、誰かのために」
が当たり前な感覚を持つまでに成長できてから、
人との出会いが加速していった。

あとは、仕事で本気で悩んで修羅場をくぐってきたこと。

その経験が僕の言葉の力を絶対的に変えてくれていて、
その言葉の力が、より人とのご縁を深くしていってくれ
てると思う。

未来を語る

「こうなりたいんだよね」
っていう未来をどんどん語ること。

毎日毎日、自分のやりたいことを何度も何度も伝える。
何回も喋ってると、どう言ったら伝わりやすいかがブラッシュアップされてくる。

そうすると、自分の信念とやりたいことがどんどん明確になってくる。

そして、
ひたすらにアウトプット。
それは SNS もオフラインも。

信念を貫き、伝える。
その作業は決して怠らない。

そうすると、
未来に共感してくれた人たちと出会えるようになる。

どこがどう困っていて、どこをどうサポートしてもらえたらその未来が叶うか。
そこの部分も明確に伝えられるように、常日頃、整理しておく。

そうすると、いただいたご縁を活かすことができる。

すなわち、運を掴むということに繋がってくるんだ。

19
Thinking

運は人から

不満を言わない。

運を生み出すのって結局、「人」だから。
周りの人がチャンスくれることによって、
運は生まれてくる。

だから、人が離れるようなことをしていてはダメ。
不平不満を言わない。
人のせいにしない。

いい人が周りに集まってくるような自分の在り方が、
結果、運を引き寄せる。

20
Thinking

未来のその先へ

今はわからなくてもいい。
ただ、引き出しに入れておいて欲しいから伝えておこうと思う。

現場に直面したときに初めて腑に落ちる。

いつかのタイミングで、この本に綴った言葉たちを受け取ってくれる日が来たら僕は嬉しい。

１人でも多くの人が冒険に出発できることを願って。

冒険の中で、実践と体験を繰り返し、
「自分らしさ」を見つけ、イキイキと働いていけるように。

そしてそれが結果として、社会が豊かになるように。

僕は「美容の未来のその先」に向かって、
冒険を続けようと思います。

CHAPTER 3

TOGETHER

さあ、
新しい未来を
つくろう

未来の
その先へ

JPA

JAPAN BEAUTY REFORM PROMOTION ASSOCIATION

日本美容改革推進協会

きちんとしているところが、
きちんと報われる環境づくりを。

VISION

美容 × 働き方 × 改革

VISION

目指す未来

現在、理美容業界においては
法令等が遵守されていないケースが多いです。

そのため、美容業界全体の働く環境において
良いイメージを持たれていることが少ない現状があります。

また、個人事業が多い業界であることから、
スケールメリットや後ろ盾がない点も課題です。

弊協会では、美容業界の労務環境整備の観点から、
美容業界の発展・底上げを目指します。

美容と士業と政治がしっかりとタッグを組み、
スタッフが安心・安全に働ける職場環境構築を推進します。

MEMBER
BENEFITS&PROJECTS

BENEFITS

01 | 労務監査受講認定書発行により
求人が有利に

02 | 経営の現在地と改善点を可視化

03 | 社内の労務環境を気軽に相談可能

04 | 協会窓口にて
社労士・弁護士に相談可能

05 | 協会会員限定の無料勉強会

PROJECTS

01

人材バンク事業

協会内で退職した方を登録し、会員事業所に紹介

02

有料職業紹介事業

協会所属以外の人材を会員事業所に紹介

03

求人事業

優良企業認定の店舗を紹介

04

相談窓口の設置

協会で相談窓口を設置し、経営者・従業員からの相談に対応

05

共済事業

美容業界の会員事業者及び従業員が安心安全に働ける補償共済

06

M&A事業

会員事業所であれば売買が有利に働くようにサポート

07

研修・セミナー事業

会員事業所向け（事業主及び従業員）のさまざまな研修を実施

08

フリーランス保険

スケールメリットを活かした、賠償・所得保障のある協会独自の保険制度

09

寄付事業・SDGs事業等CSR活動

世界中に真の美を提供出来るような貢献活動及び一部収益寄付

MEMBER

役員 & 顧問

役員

代表理事
坂口貴徳
株式会社 CHAINON エンターテインメント 代表取締役社長

理事
海蔵親一
社会保険労務士法人アウルス 代表社会保険労務士

理事
内野真宏
間 styliste

理事
瀧井喜博
弁護士法人 A & P 瀧井総合法律事務所 代表弁護士

顧問

自民党
大西宏幸
衆議院議員 防衛大臣政務官

TOGETHER

未来を創る仲間を募集中

一般社団法人
日本美容改革推進協会

JAPAN BEAUTY REFORM PROMOTION ASSOCIATION

HOMEPAGE

日本美容改革推進協会
ホームページ

https://www.jpa2021.com

YOUTUBE

日本美容改革推進協会
YOUTUBE CHANNEL

https://www.youtube.com/channel/
UCkDG5YVtXcbSxnQLhUn84pg

INSTAGRAM

日本美容改革推進協会
INSTAGRAM

https://www.instagram.com/jpa_2021

MESSAGE

メッセージ

今まで何人もの未来ある方々が、
労務環境が原因でこの業界を去っていきました。

この状況が続くと優秀な人材が美容業界に集まらず、
未来を創造していくことが難しくなってきます。
夢と希望を持った若者たちに、
しっかりと美容業界の魅力を伝え、
環境を整えていくことが、
美容業界の社会的地位の向上に繋がると考えています。

共に美容業界の可能性を開花させ、
ワクワクできる未来を創造しましょう。

坂口貴徳

PROFILE

プロフィール

坂口貴徳

Takanori Sakaguchi

一般社団法人 日本美容改革推進協会
代表理事

株式会社 CHAINON エンターテインメント
代表取締役社長

これまでの常識に囚われない独自の戦略で、独立後 2 年半で
9 店舗に展開。

「関わる世界をもっと豊かに！もっと笑顔に！」を理念とし、
集める経営ではなく集まる経営で美容院を中心に、飲食店、
化粧品メーカー、オンラインサロンなど多岐にわたり、事業
を行う。

2021 年「一般社団法人 日本美容改革推進協会」を設立し、
美容師の働き方改革に向けたプロジェクトを開始。

＼ Recommend ／

毎日１０秒の学び！
坂口貴徳公式 LINE 通信（無料）

美容の未来のその先へ

著者　坂口貴徳
編集・デザイン　高木勉
編集アシスタント　太田菜奈

発行日　2021 年 7 月 31 日　初版第一刷発行

発行　合同会社 Pocket island
住所　〒 604-8206 京都府京都市中京区新町通三条上る町頭町 112
　　　菊三ビル 2 階 201 号室
電話　075-708-5978
メール info@pocketisland.jp

発売　星雲社（共同出版社・流通責任出版社）
住所　〒 112-0005 東京都文京区水道 1-3-30
電話　03-3868-3275

印刷・製本　株式会社 二葉企画